AF248253

LA RÉPUBLIQUE

ET

LES PAYSANS

—

PRIX : 20 CENTIMES

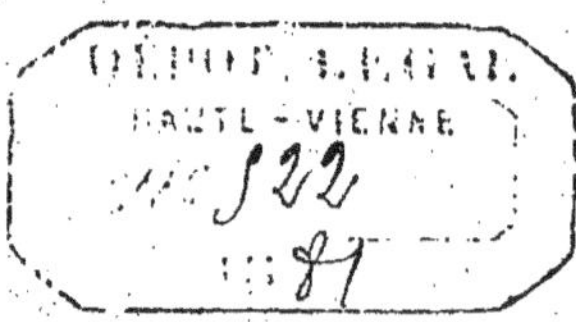

LIMOGES

IMPRIMERIE-LIBRAIRIE Vᵉ H. DUCOURTIEUX

7, RUE DES ARÈNES, 7

—

1881

LA RÉPUBLIQUE

ET

LES PAYSANS

LIMOGES

IMPRIMERIE-LIBRAIRIE Ve H. DUCOURTIEUX

7, RUE DES ARÈNES, 7

1881

LA RÉPUBLIQUE

ET

LES PAYSANS

Les élections municipales qui viennent d'avoir lieu dans la France entière montrent, autant que l'on peut s'en rendre compte, que si, dans les villes, la majorité des électeurs est plus que jamais acquise à la République, il reste encore dans les campagnes un fond de réaction et de méfiance qui, dans de certaines circonstances, pourrait devenir une source de graves embarras pour le Gouvernement national. Il faut donc en tenir compte et agir en conséquence.

Nos paysans ne disent point qu'ils ne veulent pas de la République, seulement qu'on leur donne à choisir entre républicains, ils choisiront presque toujours ceux qui le seront le moins, ou même ne le seront pas du tout. Pour parler un langage populaire, ils ne touchent à la République que du bout des doigts. Ils me font l'effet de braves gens auxquels on offre un plat nouveau et inconnu. Ils tournent autour, vont et viennent, goûtent, se croient empoisonnés parce qu'on le leur dit, et, en fin de compte, à les voir ainsi grimaçants, on croirait que le diable est au fond du plat. Ne fut-ce pas ainsi qu'ils accueillirent la pomme de terre apportée d'Amérique?

Maintenant, il ne faut pas prendre encore les votes des campagnes trop au sérieux, surtout dans les élections municipales. Si l'on connaissait tout ce qui y joue un rôle, un observateur désintéressé serait peut être tenté de soulever les épaules de pitié. Dans les villes, les médisances, les calomnies jouent certainement aussi leur rôle au milieu des élections ; mais là vous avez la grande voix des journaux pour faire taire et rentrer dans l'ombre les inepties et les mensonges. A la campagne, la politique de cabarets domine, et celui qui n'est pas décidé à en faire est battu d'avance.

Disons hardiment le mot : dans les élections municipales la campagne ne vote pas, elle boit, ou du moins elle boit plus qu'elle ne vote. On ne peut expliquer que par les fumées du vin les brusques revirements et les absurdités, en quelque sorte mathématiques, que l'on y constate à chaque renouvellement des conseils municipaux.

Ainsi, pour ne parler que d'une petite commune que nous connaissons un peu, voici ce qui s'est passé dans une période de quatre ou cinq ans.

Un conseiller municipal étant venu à mourir, trois candidats furent en présence pour le remplacer. Quand je dis candidats, je n'entends pas dire qu'ils eussent sollicité les suffrages, mais enfin ils n'avaient point défendu que l'on votât pour eux. Il n'y eut point de ballottage, et l'un des trois candidats obtint une forte majorité. Au bout d'un an ou deux, il s'agit de renouveler entièrement le conseil et ce même candidat sort le premier au premier tour de scrutin, tandis que le maire actuel n'obtient que fort peu de voix et ne sort point. Comme il y avait sept ballottages, on revote le dimanche suivant. Oh ! miracle, le maire sort haut la main, ayant même un plus grand nombre de voix que le conseiller élu premier au premier tour. Quant aux deux candidats malheureux, quand il s'était agi de remplacer le conseiller défunt, ils sont encore malheureux cette fois et restent sur le carreau. Trois ans s'écoulent, nous arrivons au dernier vote. Le candidat élu ainsi deux fois honorablement, sans l'avoir demandé, ayant rempli en conscience son mandat, bien petit, mais qui en est un quand même, croit pouvoir compter sur le bon sens de la commune, ne se remue point, ne va point voir ce qui se passe dans les cabarets et ailleurs. Il s'occupe de sa petite terre et d'écrire quelques articles insignifiants et inconnus en faveur de l'agriculture, de la justice et des paysans. Il sait que personne ne peut avoir à formuler un reproche sérieux contre lui. Dans le conseil dont il a fait partie, il a tâché d'apaiser les petites rancunes et les colères et de faire pour le mieux, c'est-à-dire selon la vérité, qui est l'éternel intérêt de tous. Il ne peut se rappeler d'avoir refusé un service possible à personne, suivant en cela une vieille habitude de famille. Fort bien, on vote. Il a cinquante ou soixante voix, je ne sais trop au juste ; M. le maire a toutes les voix ou peu s'en faut, ainsi que toute sa liste, dont faisaient partie les deux candidats deux fois malheureux, dont il a été parlé plus haut. Voilà donc mon candidat par terre : y a-t-il là de quoi être bien honteux ? Non ; le crime fait la honte et non pas l'échafaud, et mon candidat, je puis m'en porter garant, est pur de tout reproche (vis-à-vis de la commune bien entendu). Non, je me trompe, il faut qu'il s'accuse et se frappe la poitrine : il avait accompagné un candidat républicain, lors des élections au conseil général. Nous demandons pardon au lecteur de l'entretenir de si petites choses, mais quand il verra où je veux en venir, il me pardonnera sans doute.

Si nous ne considérions que la petite commune dont il s'agit, le fait d'avoir accompagné et promené un républicain pourrait peut-être, à lui seul, expliquer l'échec d'un conseiller municipal, mais nous voyons presque partout les mêmes soubresauts brusques et insensés autour de nous. Il faut donc leur chercher une autre cause. Pourquoi donc, dans de petites communes où tout le monde se connaît et peut être jugé de longue date, pourquoi repousser des candidats et les acclamer ensuite à quelques jours d'intervalle et réciproquement, sans que l'on puisse dire que vainqueurs et vaincus aient rien fait de plus ni de moins entre leur défaite et leur triomphe pour mériter le blâme ou la louange? Un médecin politique y perdrait sa science et ausculterait en vain l'opinion publique pour établir la cause de ces phénomènes et de ces dérangements. Pour nous qui n'avons ni goût, ni intérêt à médire des paysans, puisque nous sommes des leurs, à quelque chose près, nous répondons cependant, avec franchise, que le vin nous paraît jouer, chez eux, un trop grand rôle dans les élections.

Il y aurait une statistique assez utile à faire. Elle consisterait à relever approximativement le vin qui a été bu, en France, à l'occasion des dernières élections municipales. On arriverait à un total effrayant ; s'il fallait n'en juger que par la commune que nous avions déjà prise pour exemple, ce serait quelque chose comme quinze ou seize millions de litres, c'est-à-dire environ deux par électeur. Si cela était prouvé, que pourrait-on en conclure, si ce n'est que la France, ou tout au moins la campagne, a voté ivre. Il faut parfois avoir le courage de dire de dures vérités, car les doux mensonges perdent les peuples.

Qu'y a-t-il à faire, me dira-ton ? Une chose bien simple : à fermer les cabarets les jours d'élections municipales et politiques jusqu'à l'heure du dépouillement. Quel est l'homme qui osera me dire que j'ai tort de faire cette proposition ?

Personne plus que nous ne hait le despotisme exagéré des lois entravant et écrasant, à chaque instant, la liberté individuelle ; mais devant le salut public tout doit s'effacer hormis la justice et la vérité qui sont au-dessus. Les votes font le gouvernement et les lois ; si vous votez ivres, gouvernement et lois seront à votre image. Nous demandons au paysan dégrisé de voter lui-même contre le paysan ivre. Et, du reste, si l'on tolère l'ivresse dans les élections, il n'y a pas de raisons de ne pas y tolérer également la folie, car l'ivresse est une folie passagère et coupable, car elle est volontaire.

Cette fermeture des cabarets qui n'ôterait à peu près rien aux débitants, car les électeurs en seraient quittes pour compenser le soir la sobriété du jour, rappellerait aux citoyens la grandeur de l'acte qu'ils accomplissent en apportant leurs bulletins aux urnes. Et c'est là le grand défaut des campagnards : ils ne votent pas sérieusement. L'ouvrier des villes, sous ce rapport au moins, leur est certainement supérieur. Nous nous rappelons avoir vu le vote de Paris, lors du plébiciste : nous ne nous souvenons pas d'avoir vu un électeur ivre.

Le villageois qui traite avec un grand sérieux la vente du moindre lopin de terre, d'un porc ou d'un mouton, paraît n'avoir qu'un grand dédain pour les questions électorales. Il en plaisante et en rit, et c'est, avant tout, pour lui une occasion de boire. Eh ! certainement, je ne lui reproche pas d'aimer ce vin dont il goûte si rarement, et je voudrais que chacun en eût sa barrique dans son cellier, ce qui irait fort bien avec la poule au pot souhaitée par Henri IV ; mais, enfin, chaque chose a son temps ; quand nous serons à boire, buvons ; quand nous sommes à voter, tâchons un peu de savoir pour qui et pourquoi.

Paysan, quand tu portes ton bulletin aux urnes, tu es un juge. Toi, souvent misérable et foulé aux pieds, à ton tour, pour un moment tu deviens le maître et le triomphateur. Comme le pauvre de l'évangile, tu es élevé et le superbe est abaissé. Ces hommes qui se présentent à ton suffrage attendent de toi leur acquittement ou leur condamnation. Reste un instant pensif devant eux ; cherche à sonder leur conscience et leurs pensées. Appelle les témoins à ta barre. Ont-ils été fidèles à leur parole, justes et de bonne foi ? Ont-ils pratiqué cette grande maxime : « Ne faites pas aux autres ce que vous ne voudriez point que l'on

» vous fît? » Ont-ils l'intelligence qui éclaire et la bonté qui dirige? Penses-tu qu'une fois chargés de l'intérêt de tous ils en auront souci plus que du leur même? Si oui, acquitte-les : si non repousse et condamne.

Méfie-toi de la main qui te tendra un verre avant que tu aies prononcé; car, si tu acceptes, tu seras doublement coupable : tu seras un juge insensé et prévaricateur. On t'aura payé ton jugement à l'avance, et tu le rendras sans en avoir conscience et sans le comprendre toi-même. On t'a dit que par ton vote tu faisais le gouvernement et les lois, mais on dirait que tu ne le crois point encore. Cependant si un jour tes champs étaient inondés de hordes étrangères, tes enfants demi-nus et mourant de faim sur la terre, ta chaumière dépouillée et incendiée, tes filles souillées par un grossier soldat, ton bétail et ton grain épars et partagé, ne craindrais-tu pas, dans ces silences terribles qui suivent et précèdent la voix sombre et grandiose des batailles, d'entendre une voix te crier, comme elle le fit un jour : souviens-toi!

Maintenant que nous avons fait un peu la leçon aux campagnards, il faut bien reconnaître qu'il y a en somme quelque chose de fondé dans leur éloignement instinctif pour la République. Ils seraient peut-être en peine d'en dire les raisons eux-mêmes, cependant elles existent et c'est là qu'il faut attaquer le mal.

Sous la monarchie de Juillet et l'empire l'argent a afflué dans les campagnes, maintenant il se produit une marche contraire. Quelles qu'en soient les causes, il faut reconnaître que depuis fort longtemps le cours moyen des produits agricoles est bas, et en outre, ce qui est le pire, fort irrégulier. Pendant ce temps presque tous les produits de l'industrie ont augmenté de valeur. Il en résulte une rupture d'équilibre qui ira s'accentuant de jour en jour si l'on n'y porte remède. Une propriété qui, il y a trente ans, donnait par exemple douze cents francs de revenus les donne certes à peine maintenant. Hors, douze cents francs de nos jours ne valent guère plus, en réalité, que six cents francs ne valaient à l'époque. Donc, diminution de moitié. Beaucoup de terres, en outre, sont appauvries par une agriculture forcée et mal entendue. Par-dessus tout cela, le prix du travail a beaucoup augmenté par suite du développement industriel. Ce sont là des redites, mais il faut bien redire lorsqu'on ne vous écoute pas. Nos hommes politiques s'intéressent tous très fort, si l'on veut les croire, aux cultivateurs; ils s'occupent tous de ces travailleurs si modestes et si dévoués, base de la nation, véritable fond et solidité de l'armée, etc. ; mais en somme, pour eux, on ne fait rien ou peu s'en faut : quelques comices et voilà tout.

L'impôt foncier a-t-il diminué? A-t-on protégé les produits français contre l'envahissement des produits étrangers ? Non. Vous me direz que l'on a fait des chemins de fer. D'abord tous les gouvernements en ont fait. Maintenant je reconnais certainement qu'ils ont du bon et loin de nous la pensée de les déprécier, mais il ne suffit pas de quelques tronçons pour transporter Jacques Bonhomme au troisième ciel.

Un de nos honorables députés disait récemment, à l'occasion d'une inauguration, que le bien-être des campagnes allait être décuplé! Décuplé; c'est beaucoup, monsieur le député, c'est même trop, à moins que multipliant zéro par dix vous n'arriviez encore à zéro, car enfin ce bien-être pour nous n'existe pas. L'immense majorité de nos campagnards vit encore aujourd'hui d'un pain noir et grossier qu'il faut cependant parfois économiser, de pommes de terre et de châtaignes, quand il y en a, et boit de l'eau pour faire couler le tout. L'immense majorité loge au milieu d'égouts et de cloaques sans nom, dans des baraques malsaines et nauséabondes dont un Américain ne voudrait pas pour loger ses chiens ou ses porcs. Elle se chauffe comme elle peut l'hiver. Où couche-t-elle? On ne sait trop : un peu pêle-mêle et un peu partout, dans des espèces de lits quand il y en a assez. Cela ne peut assurément s'appeler du bien-être. On dira que le tableau est chargé, mais que l'on nous donne un expert et quand nous l'aurons promené, il donnera son sentiment.

L'homme des champs a certainement, en général, une nourriture qui ne répare pas suffisamment les forces épuisées par un dur labeur. La meilleure preuve en est la décroissance prématurée que l'on peut constater chez lui au double point de vue physique et intellectuel. Rien n'est triste souvent comme la vue des vieilles gens de campagne : il semble qu'un vampire ait tari à la fois leur sang, leur force et leur pensée. Ce vampire, c'est la misère et le travail forcé.

Les chemins de fer vont-ils changer tout cela comme une baguette magique? Ayons le courage de dire que nous ne le croyons pas. Sommes-nous pour cela de ces gens routiniers qui crient après toutes les innovations et voudraient toujours revenir en arrière? Non, le monde n'y saurait revenir et crier après les chemins de fer serait aussi sot que de crier après le mouvement tournant de la terre. Il faut être de son temps. Avec les chemins de fer la circulation de la vie augmente de rapidité, comme dans le corps humain le sang circule plus vite sous l'influence d'un vin généreux : cependant le cultivateur produira-t-il beaucoup

plus que par le passé et vendra-t-il bien plus cher? Nous ne le
pensons pas. Il aura les matières fertilisantes et les machines
agricoles un peu à meilleur compte, c'est vrai, mais les unes et
les autres ne seront jamais d'un grand usage dans nos campagnes
où la terre est trop morcelée, à moins que l'on ne bouleverse
complètement par l'association le mode de culture, et personne
n'y songe guère. Enfin, les chemins de fer sont une bonne chose,
nous l'avons déjà accordé, mais il y a néanmoins autre chose
à faire pour la campagne. Il faut que le Gouvernement de la
République tâche, par tous les moyens en son pouvoir, de main-
tenir à des prix rémunérateurs les produits agricoles; il faut qu'il
enlève au moins en partie cet impôt foncier qui écrase la terre,
afin que le travail le plus nécessaire et peut-être le plus pénible,
ne soit pas le moins rétribué. Industriels qui vous plaignez, vous
faites bâtir des palais, combien de cultivateurs n'arrivent pas à
faire blanchir leur cuisine ?

En somme, si le paysan ne va pas assez à la République, c'est
peut-être que la République ne va pas assez au paysan. Non-
seulement on ne fait pas tout ce qu'il y aurait à faire pour lui,
mais je crains bien que l'on ne fasse encore ce qu'il faudrait
éviter de faire. Nous voulons parler de l'instruction obligatoire.

Personne peut-être plus que nous ne désire voir l'intelligence
s'élever dans les campagnes par la vulgarisation de l'instruction,
et les faits que nous venons de citer en montrent assez la nécessité, car une population intelligente et instruite ne pourrait jamais
être ainsi le jouet du vin et des auberges, mais nous regrettons
seulement que l'on n'ait pas tenté de faire par la persuasion ce
que l'on veut faire par la force. Nous comprendrions encore,
qu'au point de vue de la laïcité de l'enseignement, on contraignit
les enfants à se rendre aux écoles nationales ; mais du moment
qu'on dissout les congrégations qui déplaisent, l'obligation paraît
inutile. Il y a des gens qui disent : la loi ne sera pas appliquée.
Alors pourquoi la faire? Si on l'applique strictement elle sera
vexatoire, et quand le despotisme de la majorité pèse trop lourde-
ment sur l'individu on ne s'aperçoit guère de la liberté. Si on ne
l'applique pas on apprendra à ne pas tenir compte des autres.
Rien n'est pour nous funeste comme de faire des lois que l'on ne
veut pas ou ne peut pas appliquer. Le peuple dit : on tolère là,
on peut bien tolérer ailleurs ; rien n'en va mieux. La loi doit
rester imprescriptible et inviolable ; c'est pour cela qu'il ne faut
pas la faire à la légère. Je sais qu'en parlant ainsi on choque les
idées les plus en vogue dans le parti républicain ; mais nous n'y
sommes pas d'hier, et du reste, la vérité avant tout. Ne pouvait-

on pas arriver à généraliser l'instruction, au point que le citoyen illettré devint une exception très honteuse et très rare, sans parler d'obliger et de sévir ? Que le soldat ignorant fût condamné à servir deux années de plus que les autres jeunes gens, que l'homme ne sachant ni lire ni écrire ne pût occuper aucune fonction civile, et cela suffisait probablement, avec la gratuité absolue pour faire disparaître l'ignorance ; en tout cas c'était un essai à faire. Les parents auraient pris leur temps pour faire instruire les enfants et seraient arrivés au même résultat, sans gêne ni violence ; tandis que là vous leur dites : il faut. On ne sait trop, il est vrai, comment vous comptez les contraindre, s'ils résistent ; mais enfin vous dites : il faut. Vous fixez l'âge : celui de commencer, celui de finir. Je crains bien que des enfants amenés ainsi à l'école malgré eux et malgré leurs parents ne soient difficiles à tenir. Ceux qui connaissent les campagnes savent qu'à certaines saisons et à certains moments on a un besoin absolu des enfants. Celui-ci, qui vous paraît incapable de rendre aucun service, va tout à l'heure, à lui seul, garder de grands troupeaux ; un autre moment vous allez le voir guidant des bœufs trop indociles pour mener sans encombre la charrue ; les foins sont venus, le voici qui demeure immobile devant l'attelage d'une voiture de foin, pour éloigner les mouches qui le fatiguent et l'irritent, et l'empêcher d'avancer avant l'ordre. Voulez-vous que l'on paye un homme pour cela ? Les châtaignes tombent et l'enfant, avec sa petite taille, les ramasse parfois aussi vite et moins péniblement qu'une grande personne. Certes, il y a des moments où les parents peuvent se passer de leurs enfants, mais ceux qui sont en service et gagnent leur pain, pourrez-vous dire à leur maître : nourrissez ces enfants, payez-les, entretenez-les pour ne rien faire ? Pourrez-vous, chaque fois qu'il se produira une absence plus ou moins longue de l'école, faire une enquête ? Non, et alors votre loi tombera en désuétude aux premiers pas, ce qu'il ne faudrait pas, nous le répétons. En somme, nous pensons qu'on eût pu gagner l'esprit des campagnes à la République par la gratuité de l'instruction, mais qu'au contraire, on l'en éloignera par l'obligation. Maintenant, autre question : qu'est-ce qui paiera les frais de cette obligation ? Si l'on continue à marcher dans la voie où l'on est entré, ce sera principalement la campagne. En effet, les villes ont peu à faire pour compléter l'instruction ; pour celles-là il y a au moins autant à faire qu'il n'a été fait déjà, c'est-à-dire qu'avec l'obligation absolue les dépenses devront doubler. Où il y a un instituteur, il en faudra deux ; où il y a deux maisons d'école, il en faudra quatre et peut-être cinq. Nous ne parlons pas ici en l'air et nous pouvons prouver ce que nous avançons. Il y aura donc de grandes dépenses à faire et ce seront les communes qui en auront la charge. Au lieu de créer quelque impôt nouveau et de faire supporter à l'Etat entier les frais d'une instruction que l'on considère comme un intérêt national, on a commencé, dès le premier pas, par rendre obligatoires les quatre centimes facultatifs; mais on s'apercevra bientôt que c'est peu de chose. Ainsi c'est à la campagne, à l'agriculture ruinée par la concurrence étrangère, déjà écrasée par l'impôt foncier que l'on va demander de nouveaux sacrifices pour une loi vexatoire et destinée à entraver le travail des champs ? Est-ce ainsi que l'on pense gagner les paysans? Comment, tout le monde reconnaissait la nécessité de venir en aide à l'agriculture nationale; la suppression de l'impôt foncier paraissait le minimum des remèdes, et que fait-on, on lui apporte des charges nouvelles ! Il y a beaucoup de docteurs à la Chambre, seulement je les croyais généralement allopathes; il paraît qu'ils ont changé de système et traitent maintenant leurs malades homœpathiquement. On leur en amène un qui est anémique, efflanqué, épuisé, n'ayant plus ni sang, ni vigueur : que font-ils? Ils prennent leur lancette pour le soulager. C'est vraiment inconcevable. O campagnards, sachez donc aussi voir ceux qui veulent réellement vous servir !

La question religieuse a aussi son influence dans les campagnes.

Le travailleur des champs croit généralement à une puissance suprême. Qu'il la prenne parfois en vain en témoignage et qu'il en ait souvent une idée grossière et même grotesque tirée d'après l'homme et d'après lui-même, c'est possible, mais enfin il en tient compte. Ce n'est pas impunément qu'il a sans cesse devant lui le grand spectacle de la transformation de toutes choses, qu'il voit le fumier et la boue se faire chaque année pour lui pain et fleurs. Entre des murailles de pierre et des rues étroites, vous pouvez bien ne croire qu'au néant; mais celui qui a chaque soir sur sa tête l'immensité étoilée et lumineuse, aura presque toujours, malgré lui-même, un fond de croyance religieuse. Et, bien que ce ne soit pas ici le lieu d'une dissertation de philosophie politique, qu'on nous permette cependant de faire une remarque. L'idée de l'Être suprême n'est pas incompatible avec celles de liberté et d'égalité et l'on a tort de les opposer.

En effet, il faut toujours obéir à quelque chose, ne serait-ce qu'à la raison ; autrement ce serait à la folie et à l'erreur. Hors, l'Esprit suprême, n'étant que la conscience de la raison et de la vérité, accepter celles-ci et le repousser me semble assez contra-

dictoire, et je ne vois guère ce que l'on y gagne. Nous compre-
nons que l'idée d'une puissance personnelle, variable et atrabi-
laire, telle qu'on nous l'a peut-être trop représentée, puisse déplaire à un républicain comme une tyrannie, mais la justice
vivante et éternelle ne saurait déplaire à celui qui aime réellement la justice.

Maintenant, au point de vue de l'égalité entre les hommes, la
croyance à un esprit infini est bonne ; car, s'il est vrai que, par
rapport à l'infini de l'espace, toutes les mesures sont égales, bien
qu'inégales entre elles, comme également éloignées d'en attein-
dre les limites, on est obligé de conclure, par analogie, que toutes
les intelligences sont égales devant un esprit infini : celle de
César et celle d'un idiot se trouvent également abaissées.

Nous n'affirmons rien : nous avons seulement fait une simple
remarque. Maintenant reprenons notre sujet. Eh bien, si vous
voulez gagner les campagnes, n'affichez pas vos négations de
toutes choses. Pour nous personnellement, votre audace peut
nous plaire, car nous aimons la bravoure en toutes choses ; mais,
au point de vue politique, c'est une faute. L'homme franc et
loyal ne dit jamais ce qu'il ne pense pas, mais il est parfois
imprudent et inutile de dire tout ce que l'on pense. Le parti républicain doit éviter, autant que possible, que, dans les campagnes,
les noms d'athée et de républicains ne passent pour synonimes. Le
paysan parlera peut-être mal des curés, des religieux, des céré-
monies, de l'attirail catholique, auxquels il ne comprend, du
reste, rien du tout ; mais il ne voudra guère jamais croire que le
monde se soit fait tout seul et que l'homme ne doit compter que
sur lui-même. Si vous le lui dites, il ne votera pas pour vous,
et tant que la République n'aura pas les campagnards , c'est
comme si elle n'avait pas la terre et elle n'aura aucune base
solide. Dites-leur que ce que vous voulez ce n'est point cette religion, ou cette autre, ou aucune ; c'est la liberté, la liberté sans
laquelle il n'y a rien de vrai, rien de grand, rien de bon. Dites-
leur seulement que vous ne voulez pas de religion commandée
et hypocrite, mais que c'est à chacun à suivre ce qui lui semble
meilleur. Ils se rappellent encore qu'il fut un temps où la République, née au milieu des orages, brisa les images des saints et
ferma les portes des églises. Dites-leur que ce temps ne reviendra
plus jamais et que les républicains sincères le condamnent
comme un temps d'égarement et de folie.

C'est par de tels moyens que vous gagnerez l'esprit encore
généralement si hostile du paysan. Agrandissez ses idées, mais
ne les froissez pas. Ecrasé sous votre instruction et vos aphoris-

mes, il cèderait en apparence, mais au fond il vous garderait rancune et ne vous servirait point.

Donnez-lui l'instruction saine et virile devant laquelle disparaîtront, sans doute, les fantômes et les superstitions qui l'obsèdent, mais ne la lui donnez pas par force et à ses dépens. Enlevez lui au moins une partie de cet impôt foncier qui l'écrase, afin qu'il voie enfin, quelque chose d'indiscutable que la République ait fait pour lui. Bâtissez-lui des hôpitaux pour ses malades si souvent abandonnés. N'avez-vous pas pour toutes ces choses la diminution des traitements encore trop élevés pour des mœurs vraiment républicaines? N'avez-vous pas l'impôt sur l'argent qui n'a été déclaré impossible que par ceux qui ne le voulaient pas? N'avez-vous pas la plus-value des impôts et bien d'autres ressources qu'il serait trop long d'énumérer? Faites cela, vous ne le regretterez point. Paysan, tu n'auras plus alors aucuns prétextes pour t'éloigner de la République, et, comme tu en auras été le dernier adversaire, tu en deviendras le plus ferme appui. Tu te rappelleras ce que tu as un peu oublié, c'est que, si elle a eu ses imprudences et ses colères, elle t'a cependant racheté avec son sang de la tyrannie et de l'esclavage; tu seras prêt à ton tour à la protéger et à la défendre cette République qui, après avoir fait de toi un homme, veut maintenant en faire un citoyen, ce que, je te le dis, avec avec franchise, tu n'es pas encore.

DES LISTES ÉLECTORALES

Si **M.** Buffet, en faisant sa loi électorale, avait en vue de mettre hors d'état de voter un grand nombre d'électeurs, il avait peut-être réussi; mais s'il avait en vue de faire quelque chose de clair et de simple, à coup sûr, il n'avait point réussi.

Et d'abord, pourquoi deux listes? Pourquoi l'électeur politique n'est-il pas aussi toujours électeur municipal? Le nouveau-venu dans la commune n'aurait pas, dira-t-on, le temps de connaître et de juger les candidats au conseil municipal; fort bien, mais les candidats au mandat politique, les connaît-il et les juge-t-il la plupart du temps par lui-même? Non, il s'en rapporte pour son vote aux idées, au parti, au bruit public, ce qu'il peut faire tout aussi bien dans les élections municipales, et puis, qui l'empêche, s'il hésite, de mettre en pratique l'axiôme de la sagesse antique : dans le doute abstiens-toi. Ce n'est pas à la loi à juger si l'électeur est à même de voter bien ou mal, c'est à lui qui est le premier intéressé. La loi ne doit empêcher que les doubles emplois et les fraudes. Hors, ces deux inconvénients doivent certainement se présenter souvent avec le système adopté actuellement pour la formation des listes électorales.

Il faut deux ans de séjour dans une commune pour y être inscrit sur la liste électorale municipale, un an seulement quand on paye une des quatre contibutions directes; enfin, six mois si l'on est né, ou si l'on s'est marié, ou si l'on a satisfait à la loi du recrutement dans cette commune. Il faut seulement six mois de séjour à tout citoyen jouissant de ses droits civils pour être porté sur la liste électorale politique. Parmi toutes ces catégories d'électeurs, les uns doivent être portés d'office, les autres seulement sur leur réclamation. Il est d'abord assez long et assez difficile de vérifier toutes ces conditions; mais soit, nous savons qui l'on doit porter, mais pour savoir qui l'on doit retrancher, je crois que M. Buffet, lui-même, serait en peine de nous le dire.

Donc on maintient et on retranche un peu, à tort et à travers, selon les goûts et l'opinion des délégués, et, à la faveur de ce trouble, des hommes privés de leurs droits civils peuvent parfois, en user quand même, des citoyens sont à même de voter dans plusieurs communes à la fois, tandis que d'autres, parfaitement honorables, se trouvent privés, par le fait, de leurs droits. O simplicité, sœur de la vérité, quand donc reconnaîtra-t-on ton empreinte dans les lois d'un peuple qui passe pour avoir la langue la plus claire du monde! Jusqu'à présent, lois militaires, lois sur la presse, lois judiciaires, lois d'administrations, tout est si peu limpide que, si nous ne craignions pas de blasphémer, nous dirions que ceux qui les ont faites n'y comprenaient rien eux-mêmes.

Il y aurait une mesure très simple à prendre, trop simple, hélas! pour qu'on la prenne jamais. Tout citoyen quittant une commune où il est électeur serait tenu d'aller faire sa déclaration à la mairie où il serait rayé de toute liste électorale; en même temps on lui délivrerait un certificat de cette radiation. Muni de ce certificat il se présenterait à la mairie de sa nouvelle commune et il y serait aussitôt porté sur la liste électorale. Toutes informations seraient inutiles, car dès l'instant qu'il était électeur dans une commune, il a le droit de l'être dans une autre. Il faudrait, bien entendu, que le temps à courir entre la radiation et l'inscription nouvelle fût fixé et très rapproché. Encore une fois, cela est trop simple pour être jamais adopté. Il faut à nos hommes politiques des choses plus compliquées, afin sans doute qu'ils en ait l'air plus profonds et plus habiles.

Avec un pareil système, cependant, il y aurait d'abord plus de régularité et de justice au point de vue des droits électoraux; il y aurait, en outre, avantage au point de vue de la sécurité publique. En effet, un homme arrive dans une commune et ne va pas se faire inscrire sur la liste électorale : donc on doit présumer qu'il n'a pas le droit de voter, et chacun peut savoir à quoi s'en tenir sur lui. La crainte d'un pareil soupçon pousserait certainement à se faire inscrire sur la liste électorale, tous les citoyens jouissant de leurs droits civils, et, à mesure qu'ils en sentiraient mieux la valeur, ils en useraient avec plus d'attention et d'intelligence. Quant à ceux que la loi en a privé, ils auraient intérêt à rester longtemps dans la même commune, afin d'y effacer, par leur bonne conduite, la mauvaise opinion que l'on a d'eux. Et ne pourraient-ils pas, un jour, sur la demande de cette commune où ils seraient devenus un exemple d'ordre, de travail et de probité, être réintégrés dans leurs droits primitifs? Quand donc ce mot terrible, la mort, aura-t-il disparu de nos lois!

G. TOURNADE.